Impressum
Verlag: BABADADA GmbH, Nedderfeld 112 , 22529 Hamburg
Geschäftsführer / Verlagsleitung: Harald Hof
Druck: Books on Demand GmbH, In de Tarpen 42, 22848 Norderstedt

Imprint
Publisher: BABADADA GmbH, Nedderfeld 112 , 22529 Hamburg, Germany
Managing Director / Publishing direction: Harald Hof
Print: Books on Demand GmbH, In de Tarpen 42, 22848 Norderstedt

sekolo

學校

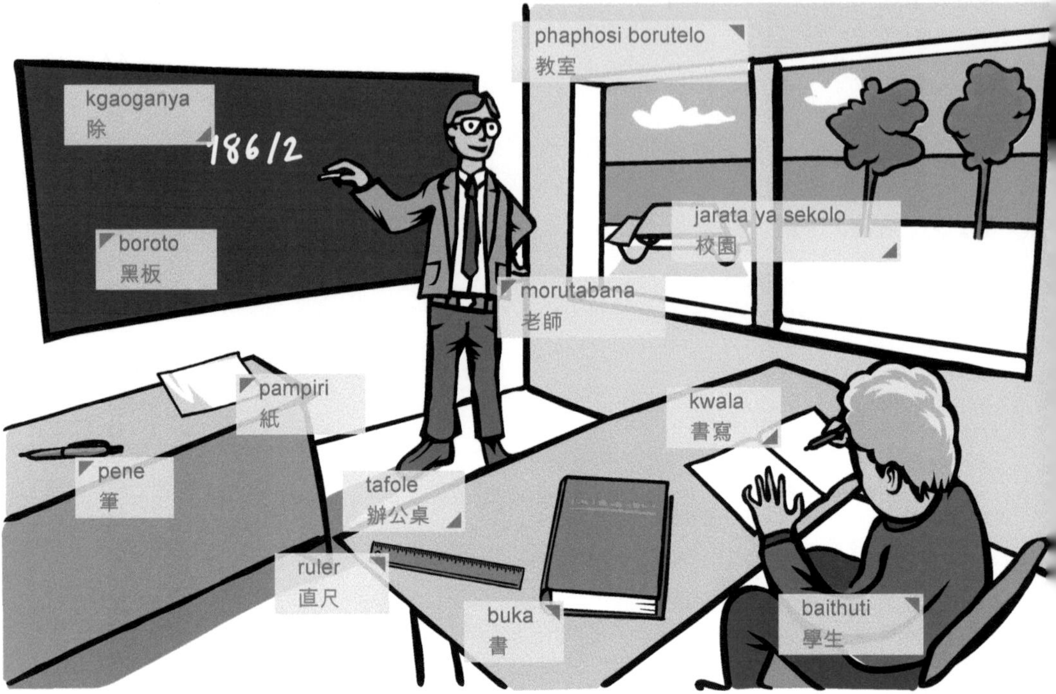

phaphosi borutelo
教室
kgaoganya
除
186/2
boroto
黑板
jarata ya sekolo
校園
morutabana
老師
pampiri
紙
kwala
書寫
pene
筆
tafole
辦公桌
ruler
直尺
buka
書
baithuti
學生

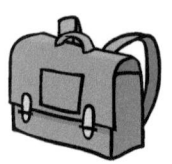

kgetsana ya dibuka

書包

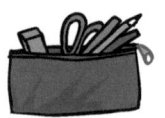

setsenya dipensele

鉛筆盒

pensele

鉛筆

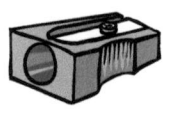

seseta pensele

削鉛筆機

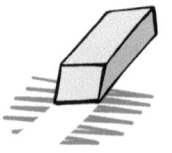

sephimola

橡皮擦

boto ya go torowa

畫板

torowa

圖畫

boratšhe jwa pente

畫筆

bokose ya pente

顏料盒

dikere

剪刀

sekgomaretsi

膠水

buka ya go kwalela

練習冊

tirogae

家庭作業

palo

數字

tlhakanya

加

kgaoganya

減

atisa

乘

khalkhuleitara

計算

lekwalo

字母

alfabete

字母表

lefoko

字

mafoko

課文

bala

讀

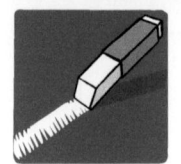

choko

粉筆

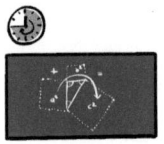

thuto

上課

rejistara

登記

tlhatlhobo

考試

setifikeiti

證書

diaparo tsa sekolo

校服

thuto

教育

encyclopedia

百科全書

unibesithi

大學

mikoroskoupo

顯微鏡

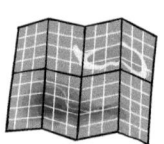

mmepe

地圖

moteme wa dipampiri

廢紙籃

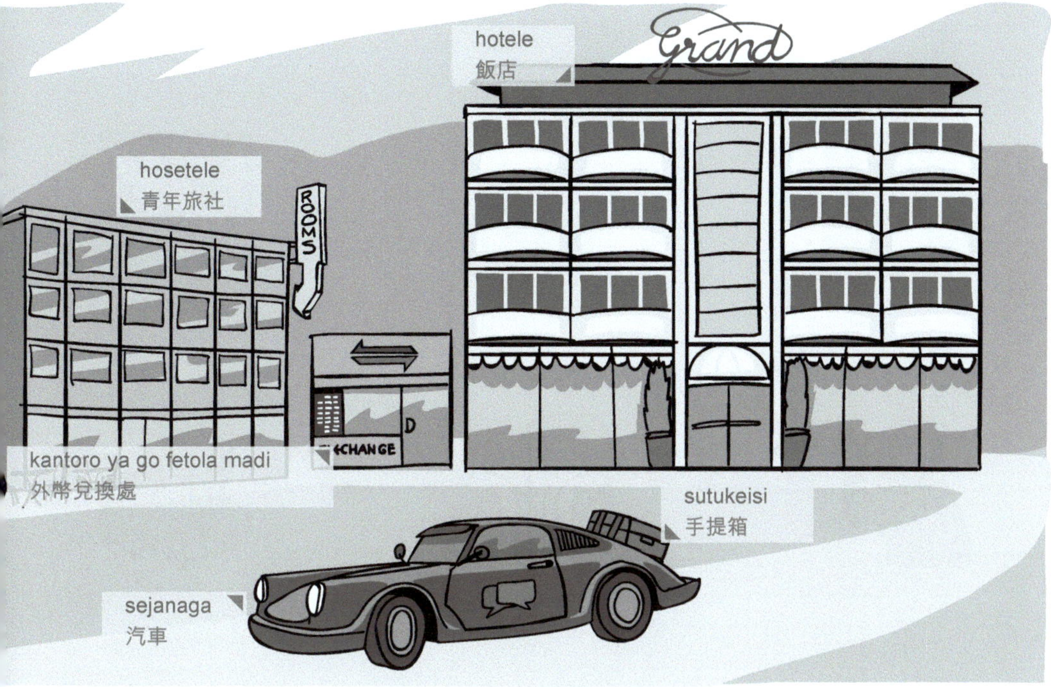

hotele
飯店
Grand
hosetele
青年旅社
ROOMS
EXCHANGE
kantoro ya go fetola madi
外幣兌換處
sutukeisi
手提箱
sejanaga
汽車

puo

語言

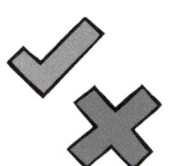

ee / nnyaa

是/否

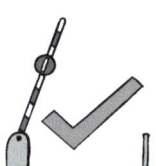

Go siame

好的

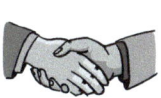

dumela

您好

moranodi

翻譯人員

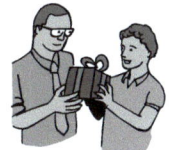

Ke a leboga

謝謝

ke bokae...?

......多少錢？

ga ke tlhaloganye

我不明白

bothata

問題

O itumelele bosigo!

晚上好！

Dumela!

早上好！

Robala Sentle!

晚安！

tsamaya sentle

再見

tsela

方向

dithoto

行李

kgetsi

包

kgetsi

背包

moeng

客人

phaposi

房間

kgetsana ya go robalela

睡袋

mogope

帳篷

shedimosetso ya mojanala

旅行資訊

lewatle

海灘

karata ya go tsaya sekoloto

信用卡

sefitlholo

早餐

dijo tsa motshegare

午餐

dijo tsa maitsiboa

晚餐

tekete

票

lifiti

電梯

setempe

郵票

bodara

邊界

dingwao

海關

embassy

大使館

visa

簽證

lokwalo itshupo

護照

sepalangwa

交通運送

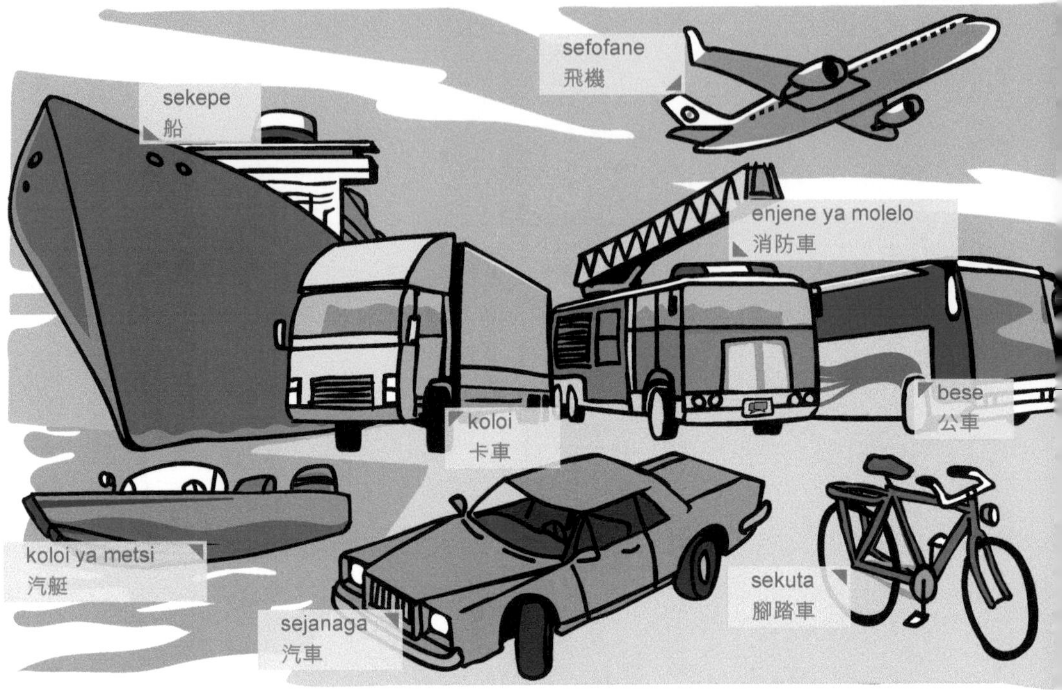

sefofane
飛機
sekepe
船
enjene ya molelo
消防車
bese
公車
koloi
卡車
koloi ya metsi
汽艇
sekuta
腳踏車
sejanaga
汽車

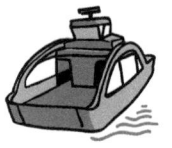

feri

渡輪

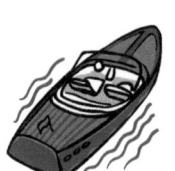

sekepe

小船

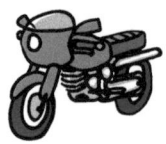

sethuthuthu

機車

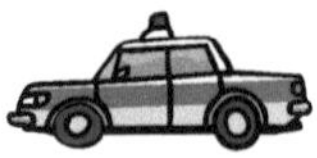

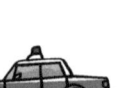

sejanaga sa mapodisa

警車

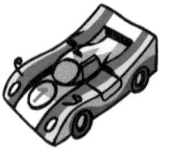

sejanaga sa lobelo

賽車

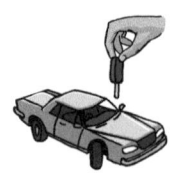

sejanaga se se hirilweng

租車

aroganya sejanaga

拼車

koloi e e gogang dikoloi tse di robegileng

拖車

koloi e e tsayang matlakala

垃圾車

koloi

馬達

lookwane

汽油

seteišhene sa lookwane

加油站

letshwao la pharakano

交通標識

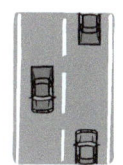

pharakano

交通

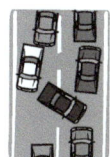

pharakano

交通堵塞

lefelo la go emisa koloi

停車場

seteišhene sa terena

火車站

mela

軌道

terena

火車

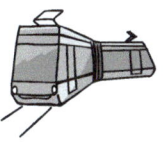

tereme

路面電車

kolotsana

客車廂

sefofane

直升機

boemeladifofane

機場

tora

塔

mopalami

乘客

sekhafothini

集裝箱

bokoso

紙板箱

karaki

手推車

basekete

籃子

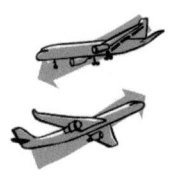

go tsamaya / go fitlha

起飛/降落

toropo

城市

motse

村莊

legare la teropo

市中心

ntlo

房子

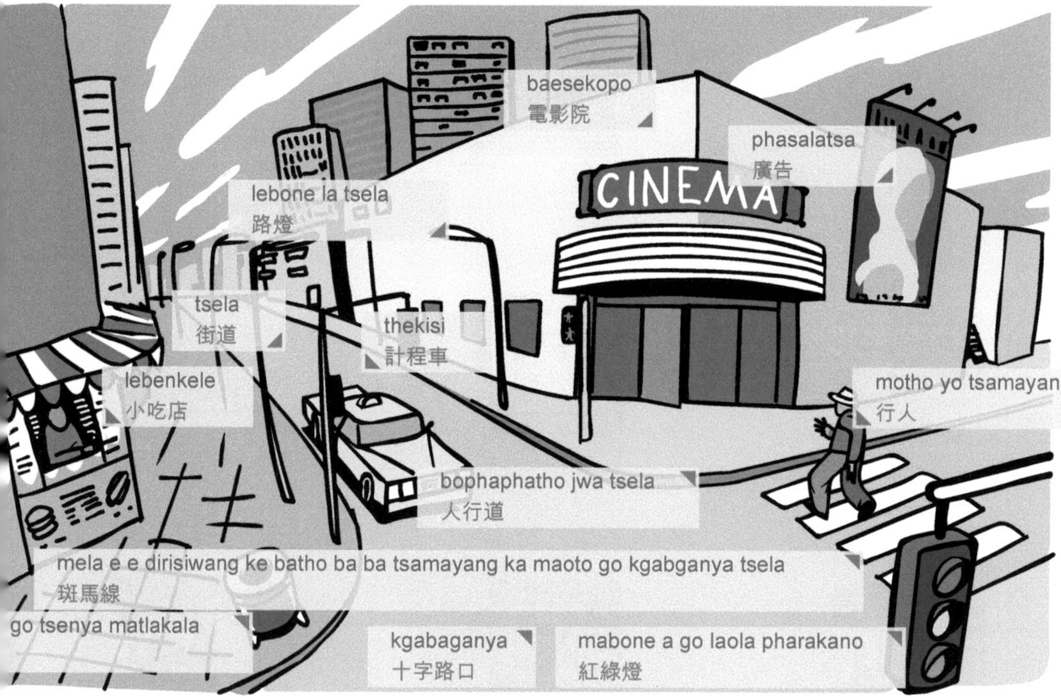
baesekopo
電影院
phasalatsa
廣告
CINEMA
lebone la tsela
路燈
tsela
街道
thekisi
計程車
lebenkele
小吃店
motho yo tsamayang
行人
bophaphatho jwa tsela
人行道
mela e e dirisiwang ke batho ba ba tsamayang ka maoto go kgabganya tsela
斑馬線
go tsenya matlakala
kgabaganya
十字路口
mabone a go laola pharakano
紅綠燈

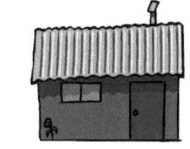

lo e e ruletseng ka bojang

小屋

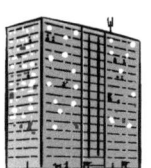

sephara

公寓

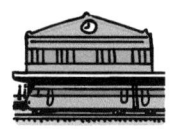

seteišhene sa terena

火車站

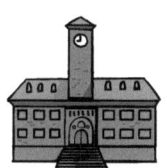

ntlolehalahala la toropo

市政廳

MUSEUM

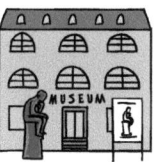

museamo

博物館

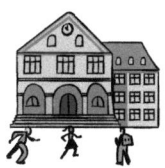

sekolo

學校

unibesithi

大學

banka

銀行

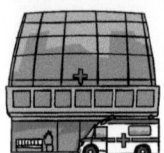
sepetlele

醫院

hotele

飯店

lefelo la melemo

藥房

kantoro

辦公室

lebenkele la dibuka

書店

lebenkele

商店

batho ba ba rekisang malomo

花店

lebenkele

超市

maraka

市場

lebenkele la diaparo

百貨商店

fishmongers

魚店

moago wa mabenkele a a mantsi

購物中心

boema dikepe

海港

serapa

公園

banka

長凳

borogo

橋

ditepisi

樓梯

kwa tlase ga lefatshe

捷運

kgogometso

隧道

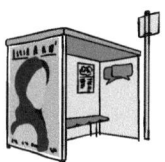

boemela bese

公車站

bara

酒吧

lefelo la go jela

餐館

lebokose la pose

郵筒

letshwao la tsela

路標

mitara wa go emisa koloi

停車計時器

lefelo la go bonela
diphologolo

動物園

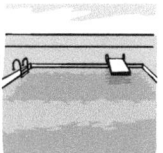

letlodi la go thuma

游泳池

tempele ya mamoselema

清真寺

polase

農場

kgotlelelo

污染

mabitla

墓地

kereke

教堂

lefelo la go tshamekela

操場

temple

寺廟

boago jwa lefelo

地形

setlhatsana
樹葉

matshwao
指示牌

tsela
路

ditlhaga
草地

letlapa
石頭

setlhare
樹

motho yo o tsamayang mo thabeng
徒步旅行者

noka
河

bojang
草

lelomo
花

mokgatšha

峽谷

thatshana

丘陵

lekadiba

湖

sekgwa

森林

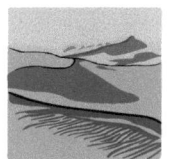

sekaka

沙漠

lekgwamolelo

火山

khasele

城堡

motshe wa badimo

彩虹

leboa

蘑菇

mokolana

棕櫚樹

montsane

蚊子

tshenekegi

蒼蠅

tshoswane

螞蟻

notshi

蜜蜂

segokgo

蜘蛛

khukhwana

甲蟲

segwagwa

青蛙

mosha

松鼠

noko

刺蝟

mmutla

野兔

morubisi

貓頭鷹

nonyane

鳥

pidipidi

天鵝

dikolobe tsa naga

野豬

kgokong

鹿

moose

麋鹿

letamo

水壩

sefetlhaphefo

風力發電機

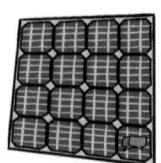

motlakase o o dirilweng ka letsatsi

太陽能電池板

loapi

氣候

lefelo la go jela
餐館

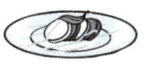

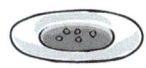

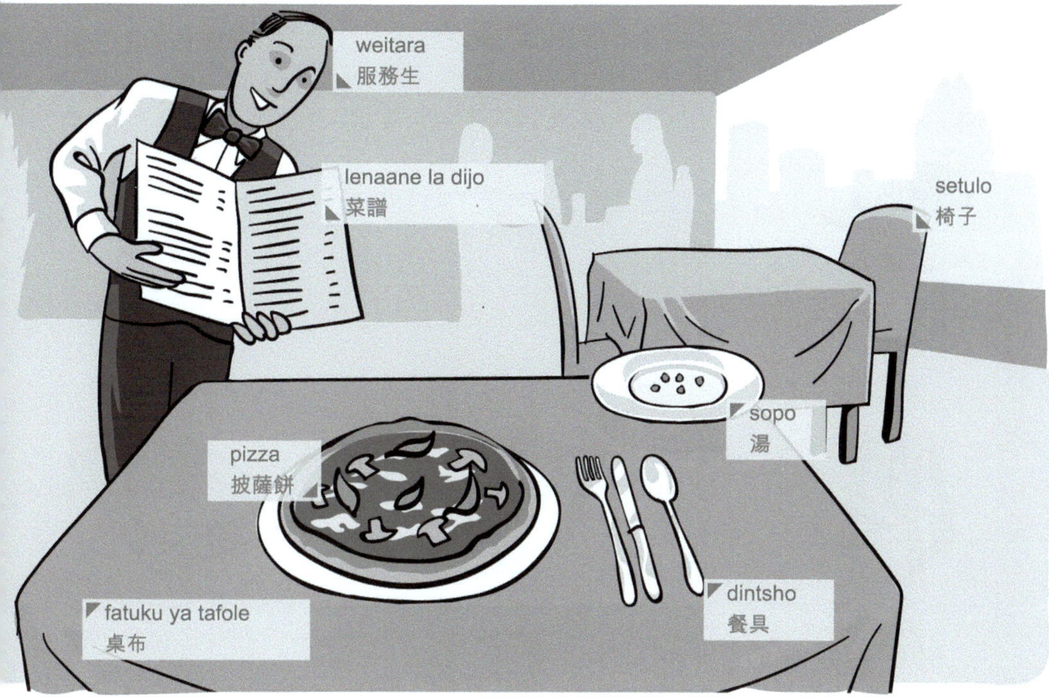

weitara
服務生
lenaane la dijo
菜譜
setulo
椅子
sopo
湯
pizza
披薩餅
dintsho
餐具
fatuku ya tafole
桌布

sejo sa ntlha

前菜

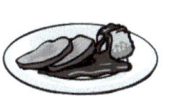

sejo sa bobedi

主菜

dijo tse di naleng sukiri

甜點

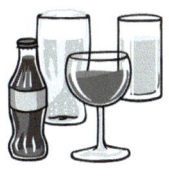

dino

飲料

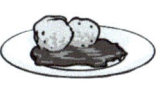

dijo

食物

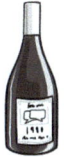

botlolo

瓶子

dijo tsa mo strateng

速食

dijo tsa seterata

街邊小吃

ketlele ya tee

茶壺

sejana sa go tsenya sukiri

糖盒

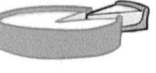

karolo

一份飯菜

motšhini wa espresso

義式咖啡機

setulo se se kwa godimo

高腳椅

tshupamolato

帳單

terei

托盤

thipa

刀

forotlho

餐叉

liso

勺子

leswana

茶匙

lesela la go iphimola

餐巾

galase

玻璃杯

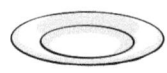

poleiti

碟子

poleiti ya sopo

湯盤

sosara

碟子

sopo

醬

sejana sa letswai

鹽瓶

sesila pepere

胡椒研磨罐

aseini

醋

oli

食用油

ditswaiso

調味料

tamati souso

番茄醬

masetete

芥末

mayonaese

美乃滋

lebenkele

超市

sesolo se se kgethegileng
特價
FOR
moreki
顧客
dilwana tsa mašwi
乳製品
leungo
水果
teroli
購物車

BUTCHERS

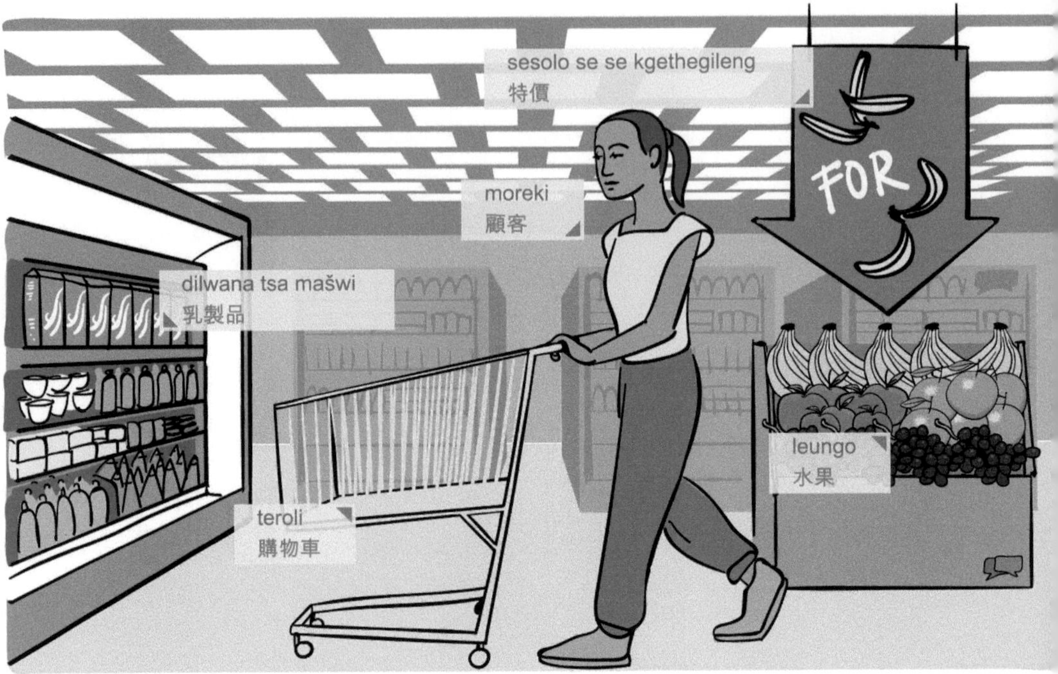

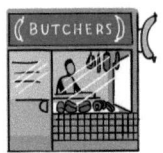

batho ba ba segang nama

肉鋪

BAKERY

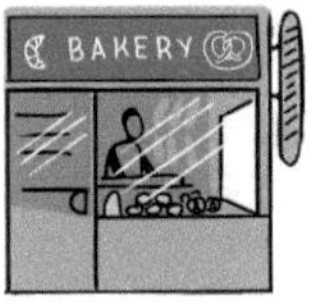

babaki

麵包店

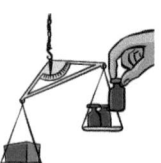

boima

稱重

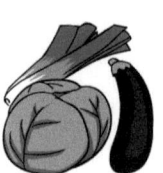

merogo

蔬菜

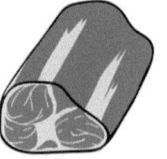

nama

肉

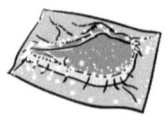

dijo tse di aesitsweng

冷凍食品

nama e e sa tlhokeng go apewa

冷盤

dijo tsa thini

罐頭食品

molora o o tlhatswang

洗衣粉

dimonamone

甜食

dilwana tsa ntlo

日用品

dilwana tsa go phepafatsa

清潔用品

morekisi

銷售員

motšhini wa madi

收銀機

morekisi

收銀員

lennane la go reka

購物清單

diura tsa go bula

開放時間

sepatšhe

錢包

rata ya go tsaya sekoloto

信用卡

kgetsi

袋子

kgetsi ya polasetiki

塑膠袋

飲料

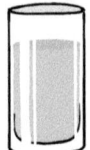

metsi

水

jusi

果汁

mašwi

牛奶

khouku

可樂

beine

紅酒

biri

啤酒

bojalwa

酒

khoukhou

可可

tee

茶

kofi

咖啡

esepereso

義式濃縮咖啡

cappuccino

卡布奇諾

panana

香蕉

apole

蘋果

namune

柳丁

legapu

西瓜

surunamune

檸檬

segwete

胡蘿蔔

konofole

大蒜

lotlhaka lwa bampuse

竹子

eie

洋蔥

mabowa

蘑菇

manoko

堅果

di-noodles

麵條

sepagethi

義大利麵

raese

米飯

salate

沙拉

ditšhipisi

薯條

ditapole tse di gadikilweng

炸馬鈴薯

pizza

披薩餅

hamburger

漢堡

borotho jo bo tlapisitsweng

三明治

nama e e gadikilweng

炸豬排

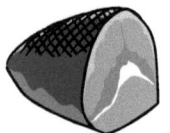

nama ya kolobe

火腿

salami

義大利臘腸

boroso

香腸

koko

雞肉

gadika

烤肉

tlhapi

魚

bogobe jwa outse

燕麥片

muesli

木斯里

cornflakes

玉米片

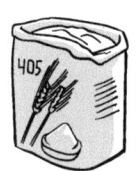

bupi

麵粉

croissante

牛角麵包

banse

麵包捲

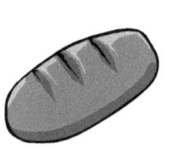

borotho

麵包

borotho jo bo besitsweng

吐司

bisikiti

餅乾

botoro

奶油

tšhisi

凝乳

kuku

蛋糕

lee

蛋

lee le le gadikilweng

煎蛋

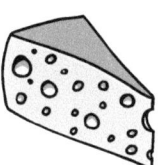

kase

起司

aesekirimi

冰淇淋

sukiri

糖

mamepe a dinotshe

蜂蜜

jeme

果醬

chokolete e e tshasiwang

巧克力醬

khari

咖哩

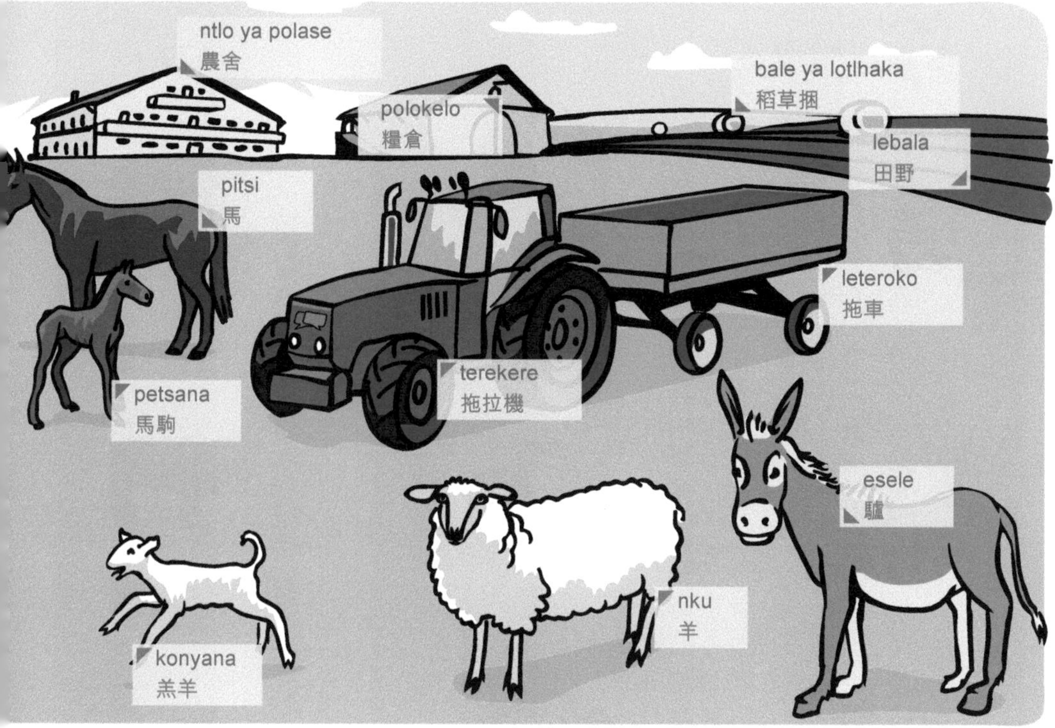

ntlo ya polase
農舍

polokelo
糧倉

bale ya lotlhaka
稻草捆

lebala
田野

pitsi
馬

leteroko
拖車

petsana
馬駒

terekere
拖拉機

esele
驢

nku
羊

konyana
羔羊

pudi

山羊

kgomo

奶牛

namane

小牛

kolobe

豬

kolojane

小豬

poo

公牛

ganse

鵝

pidipidi

鴨

kokwanyana

小雞

mokoko

母雞

mokoko

公雞

peba

鼠

katse

貓

peba

老鼠

kgomo

牛

ntša

狗

ntlo ya ntša

狗屋

lethompo la tshingwana

花園澆水軟管

tanka ya go nosetsa

澆水壺

disekele tsa tshipi

長柄大鐮刀

lema

犁

disekele

鐮刀

setlhagola

鋤頭

foroko ya go peta

長柄草耙

selepe

斧頭

kiribae

獨輪手推車

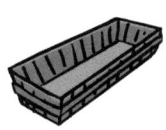

bonwelo

飼料槽

mašwi a a moteng ga moteme

牛奶罐

kgetsana

麻布袋

legora

柵欄

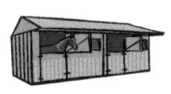

tsepame

馬廄

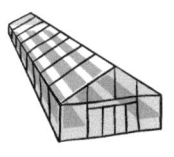

lefelo la go godisa dijalo

溫室

mmu

土壤

peo

種子

menyoro

肥料

thobo e e kopaneng

聯合收割機

thobo

收割

thobo

收割

di-yam

地瓜

korong

小麥

soya

大豆

tapole

土豆

korong

玉米

disonobolomo

油菜籽

setlhare sa maungo

果樹

cassava

樹薯

dijo tsa phakela

穀物

ntlo
房子

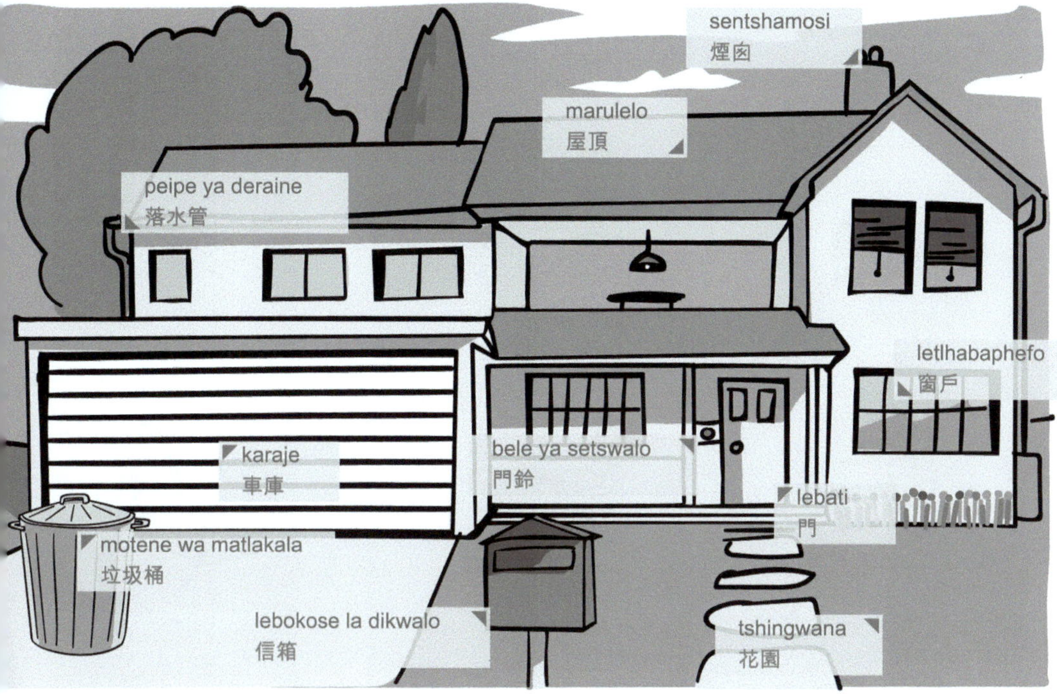
sentshamosi
煙囪
marulelo
屋頂
peipe ya deraine
落水管
letlhabaphefo
窗戶
karaje
車庫
bele ya setswalo
門鈴
lebati
門
motene wa matlakala
垃圾桶
lebokose la dikwalo
信箱
tshingwana
花園

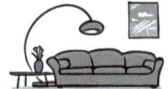

phaposi ya bodulo

客廳

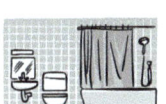

phaposi ya go tlhapela

浴室

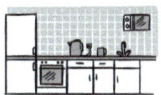

boapeelo

廚房

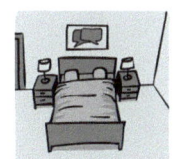

phaposi ya borobalo

臥室

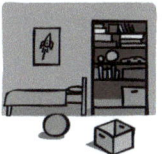

phaposi ya bana

兒童房

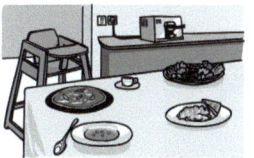

phaposi ya bojelo

餐廳

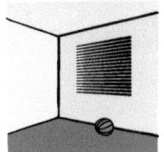

mo fatshe

地板

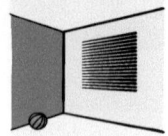

lebota

牆壁

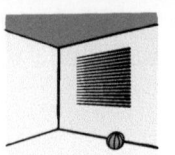

siling

天花板

mabolokelo

地窖

se futhumatsa mmele

三溫暖

mokatako

陽臺

mokgekolosa

露臺

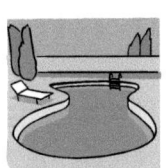

makadiba

游泳池

sedirisiwa sa go sega bojang

割草機

lakane

被單

kobo

床罩

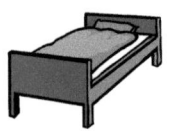

bolao

床

lefielo

掃帚

kgamelo

水桶

switch

開關

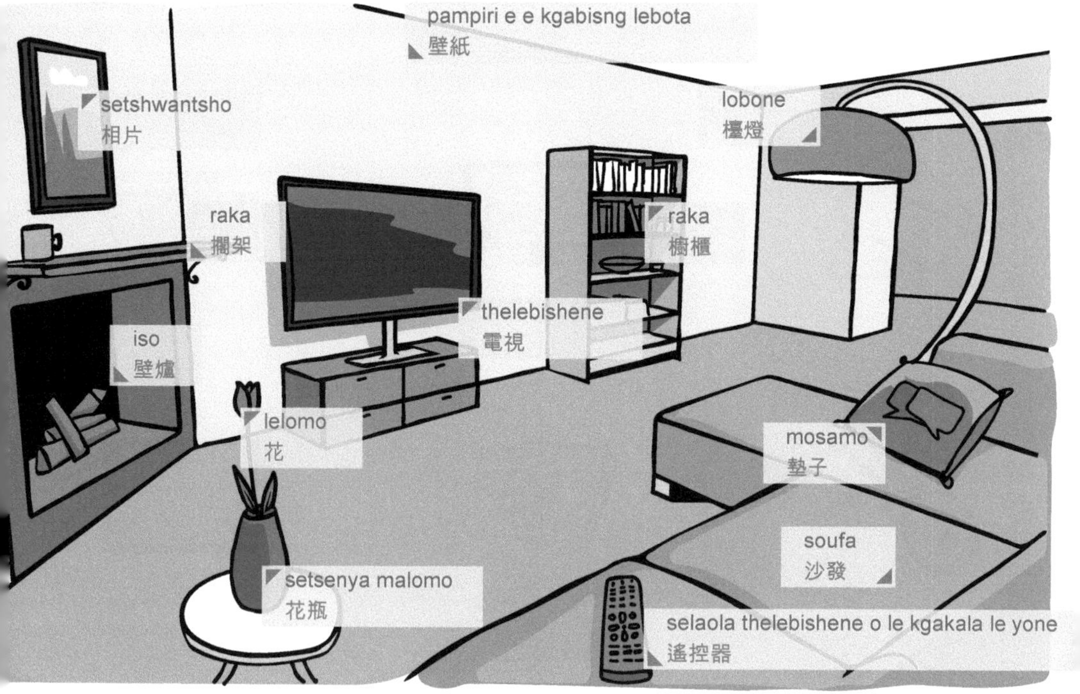

pampiri e e kgabisng lebota
壁紙

setshwantsho
相片

lobone
檯燈

raka
擱架

raka
櫥櫃

thelebishene
電視

iso
壁爐

lelomo
花

mosamo
墊子

soufa
沙發

setsenya malomo
花瓶

selaola thelebishene o le kgakala le yone
遙控器

mmetshe
地毯

garetene
窗簾

tafole
餐桌

setulo
椅子

setulo se se binang
搖椅

setulo se se naleng boikego
扶手椅

buka

書

kobo

毯子

mokgabiso

裝飾品

dikgong tsa molelo

木柴

filimi

電影

hi-fi ya go letsa

高傳真音響

selotlolo

鑰匙

lokwalodikgang

報紙

setshwantsho se se
dirilweng ka pente

油畫

pampiri ya go phasalatsa

海報

seyalemowa

收音機

buka ya dintla

筆記本

huvara

吸塵器

motoroko

仙人掌

kerese

蠟燭

boapeelo
廚房

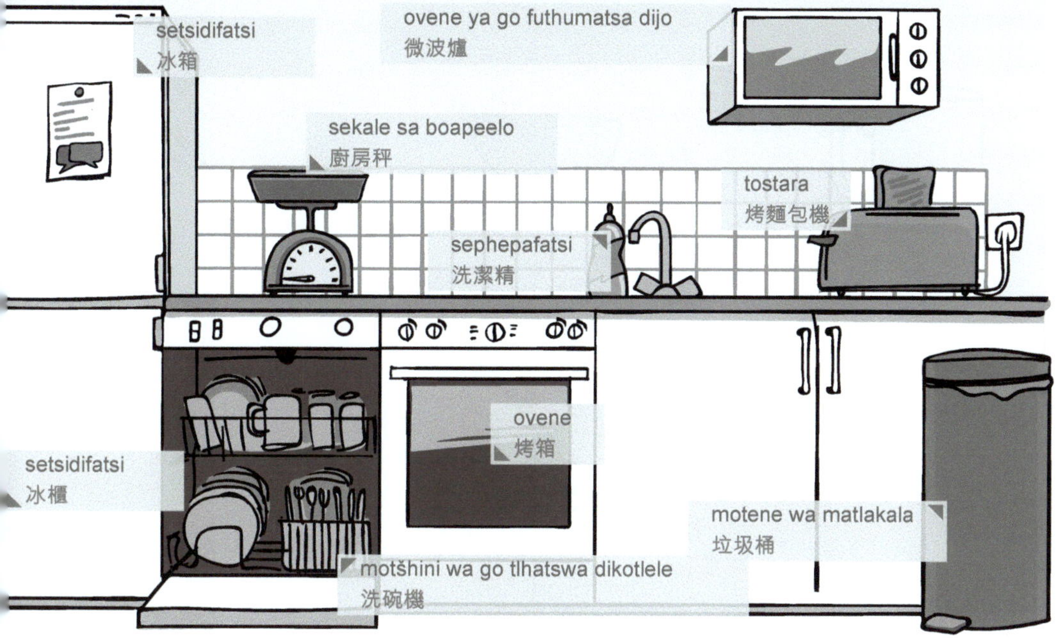
setsidifatsi
冰箱
ovene ya go futhumatsa dijo
微波爐
sekale sa boapeelo
廚房秤
tostara
烤麵包機
sephepafatsi
洗潔精
ovene
烤箱
setsidifatsi
冰櫃
motene wa matlakala
垃圾桶
motšhini wa go tlhatswa dikotlele
洗碗機

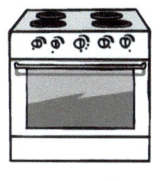

moapei

炊具

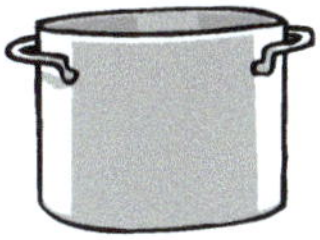

pitsa

鍋

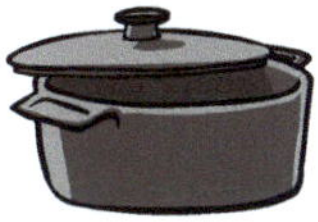

pitsa ya tshipi

鑄鐵鍋

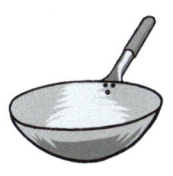

wok / kadai

炒鍋

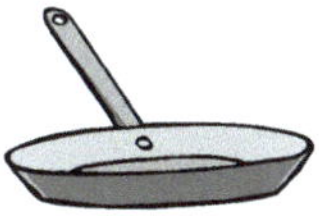

pane

平底鍋

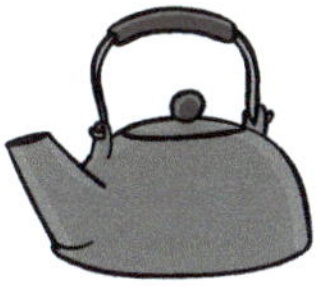

ketlele

水壺

sefuthumatsi

蒸鍋

terei ya go baka

烤盤

dintsho

陶瓷鍋

kopi

馬克杯

sejana

碗

thobane ya go rema

筷子

thoka

長柄勺

sepatšhula

鏟子

wiskara

攪拌器

setereinara

濾網

setlhotlhi

篩子

greitara

磨碎機

kika

研缽

nama ya kgomo

燒烤

molelo o o mopepeneneg

明火

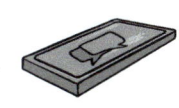

boroto ya go segela

菜板

rolara

擀麵杖

sebula dibotlolo tsa beine

開瓶器

moteme

罐子

sebula moteme

開罐器

setshwari sa pitsa

隔熱手套

sinki

水槽

boratšhe

刷子

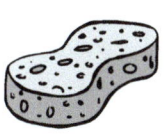

sepontšhe

海綿

etlhakanya dijo / maungo

攪拌機

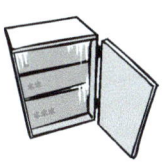

setsidifatsi

冷藏箱

botlole ya ngwana

奶瓶

tepe

水龍頭

phaposi ya go tlhapela

浴室

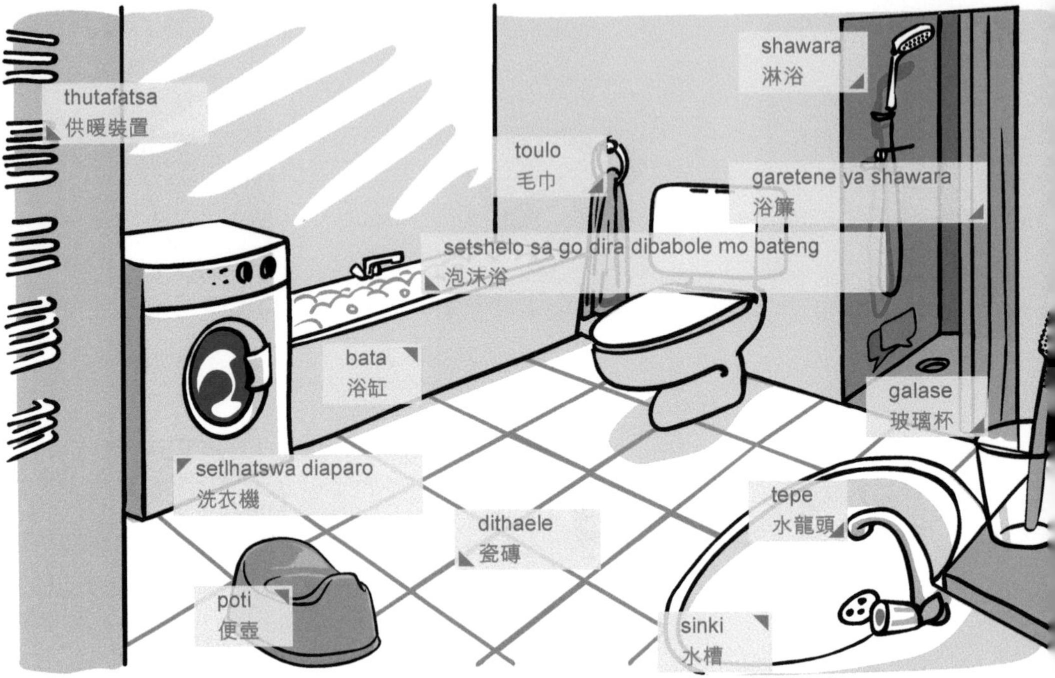

thutafatsa
供暖裝置
toulo
毛巾
shawara
淋浴
garetene ya shawara
浴簾
setshelo sa go dira dibabole mo bateng
泡沫浴
bata
浴缸
galase
玻璃杯
setlhatswa diaparo
洗衣機
tepe
水龍頭
dithaele
瓷磚
poti
便壺
sinki
水槽

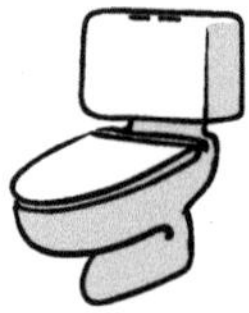

ntlwana

廁所

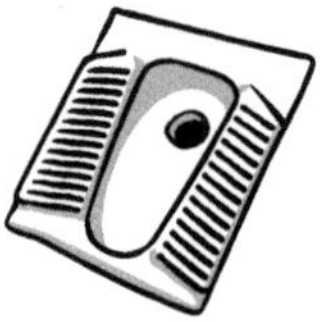

ntlwana ya go kotama

蹲便器

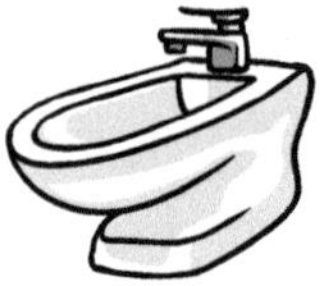

bidete

坐浴器

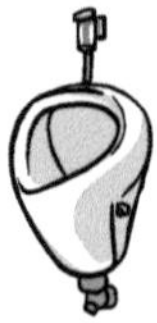

moroto

小便斗

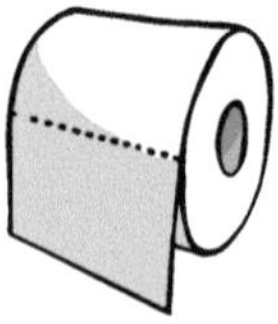

pampiri ya boithomelo

廁紙

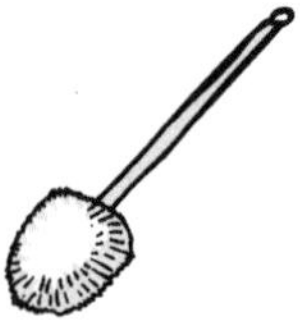

boratšhe jwa ntlwana

馬桶刷

boratšhe jwa meno

牙刷

sesepa sa meno

牙膏

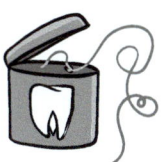

tlhale ya go phepafatsa meno

牙線

tlhatswa

洗

shawara ya go itshwarela

手持式蓮蓬頭

senkgisa monate

沖洗器

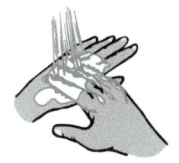

beisini

洗臉盆

boratšhe jwa mokwatla

洗背刷

sesepa

肥皂

jele ya shawara

沐浴露

setlhapisa moriri

洗髮乳

folanele

法蘭絨

mosele

排水

setlolo

乳霜

senkgamonate

除臭劑

seipone

鏡子

seipone sa go itshwarela

手鏡

legare

刮鬍刀

foumu ya go ntsha moriri

刮鬍泡沫

foumu ya fa o fetsa go
ntsha moriri

鬚後水

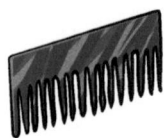

kama

梳子

boratšhe

刷子

seomisa moriri

吹風機

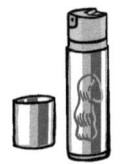

seporei sa moriri

噴髮定型劑

seitlole sa sefatlhego

化妝品

setlolo sa molomo

唇膏

pente ya dinala

指甲油

boboa

化妝棉

sekere sa dinala

指甲剪

leokwane le le nkgang
monate

香水

kgetsana ya go tlhatswa

洗漱包

setulo

凳子

sekale sa go lekanya

計重秤

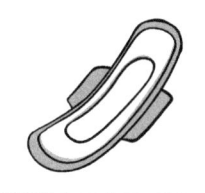

seaparo sa botlhapelo

浴袍

ditlelafo tsa rekere

橡膠手套

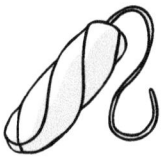

tempone

衛生棉條

edirisiwa sa basadi ba ba
mo kgweding

衛生棉

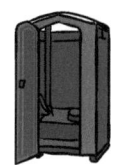

ntlwana ya khemikhale

化學廁所

phaposi ya bana

兒童房

tshupanako ya alamo
鬧鐘
mpopi wa go tlamparela
毛絨玩具
koloi e e tshamekang
玩具車
setšhakgatšhakga
撥浪鼓
ntlo ya dipompi
玩具屋
poresente
禮物

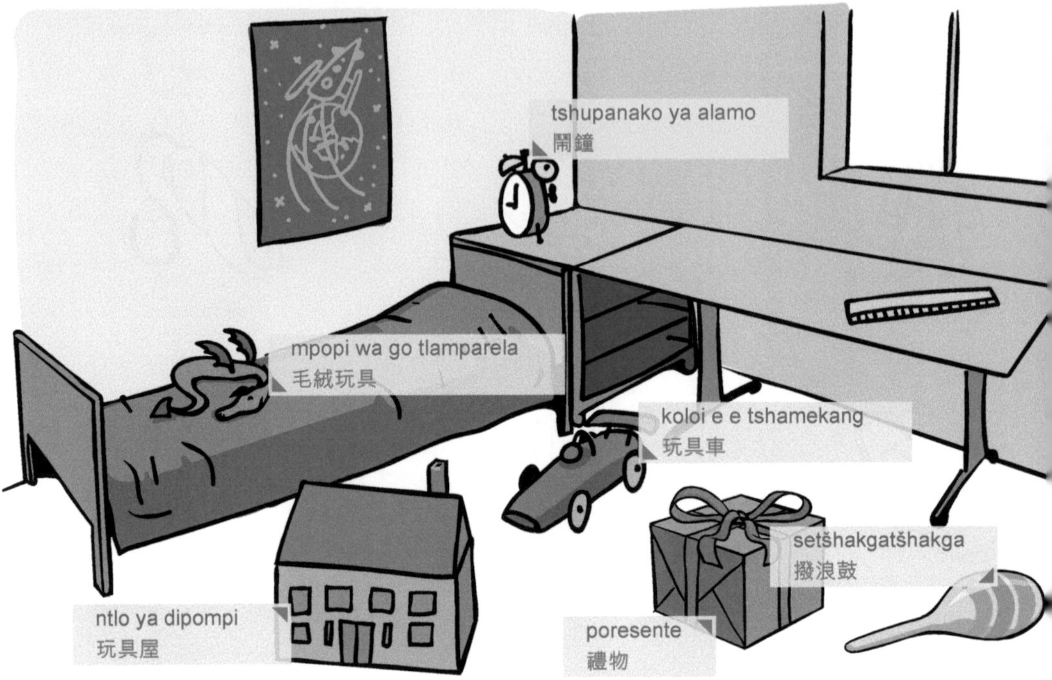

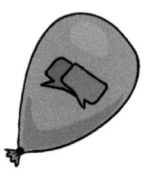

baluni

氣球

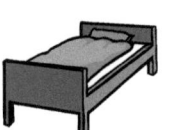

bolao

床

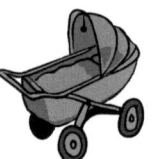

porema

嬰兒車

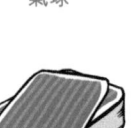

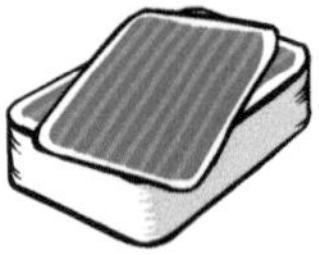

deck of cards

撲克牌

saga ya motlakase

拼圖

SUPER
MEGA

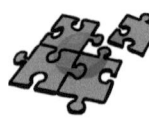

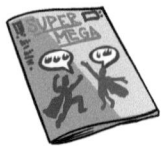

buka ya ditshegisi

漫畫

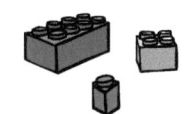

matlapa a go tshameka

樂高積木

diboloko tse di tshamekang

積木玩具

setshwantsho sa motho

公仔

seaparo sa lesea

嬰兒服

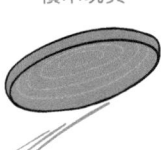

Frisbee

飛盤

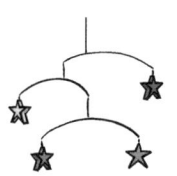

selo sa go letsa mmino mo
ditsebeng

床鈴玩具

motshameko wa boroto

棋盤遊戲

daese

骰子

terena

火車模型

tami

安撫奶嘴

moletlo

派對

buka ya ditshwantsho

繪本

bolo

球

mpopi

洋娃娃

tshameka

玩

lebala le le naleng santa

沙坑

moswinki

鞦韆

ditshamekisi tsa bana

玩具

motshameko wa dibidio

電玩遊戲

baesekele ya maotwana a a mararo

三輪車

bera e e diretsweng go tshamekisa bana

泰迪熊

raka ya go baya diaparo

衣櫃

seaparo

衣服

dikausu

襪子

dikausu tsa basadi

長襪

dithaetse

緊身褲

sekhafo
圍巾

sekhukhu
雨傘

sekipa
T恤

lebante
皮帶

dibutshi
靴子

disilipara
拖鞋

diteki
運動鞋

dimphatšhane

涼鞋

ditlhako

鞋

dibutshi tsa rekere

雨靴

borukgwe jwa kwateng

內褲

boraa

胸罩

besete

背心

mmele

身體

borukgwe

褲子

bokate

牛仔褲

sekete

短裙

bolaose

女式襯衫

hempe

襯衫

jeresi e e senang matsogo

套頭衫

jakete e e enaleng hutshe

連帽上衣

boleisara

西裝夾克

jakete

夾克

jase

外套

jase ya pula

雨衣

khosetjhumo

套裝

mosese

連衣裙

mosese wa lenyalo

婚紗

sutu

西裝

seaparo sa bosigo

睡袍

diaparo tsa go robala

睡衣

sari

莎麗

sekhafa sa tlhogo

頭巾

turban

包頭巾

burqa

波卡

kaftan

卡夫坦

abaya

(阿拉伯式)長袍

seaparo sa go thuma

泳衣

diteranka

男式泳褲

borukgwe jo bo khutshwane

短褲

terekesutu

運動服

seaparo sa go phephafatsa

圍裙

ditlelafo

手套

talama

鈕扣

diborele

眼鏡

sebaga

手鏈

sebaga sa mo thamong

項鍊

palamonwana

戒指

lengena

耳環

kepisi

便帽

sepega baki

衣架

hutshe

帽子

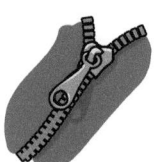

tae

領帶

zepe

拉鍊

hutshe ya sethuthuthu

安全帽

ditrata tsa meno

背帶

diaparo tsa sekolo

校服

diaparo tsa mmereko /
diaparo tsa sekolo

制服

bebe

圍兜

tami

安撫奶嘴

mongato

尿布

kantoro

辦公室

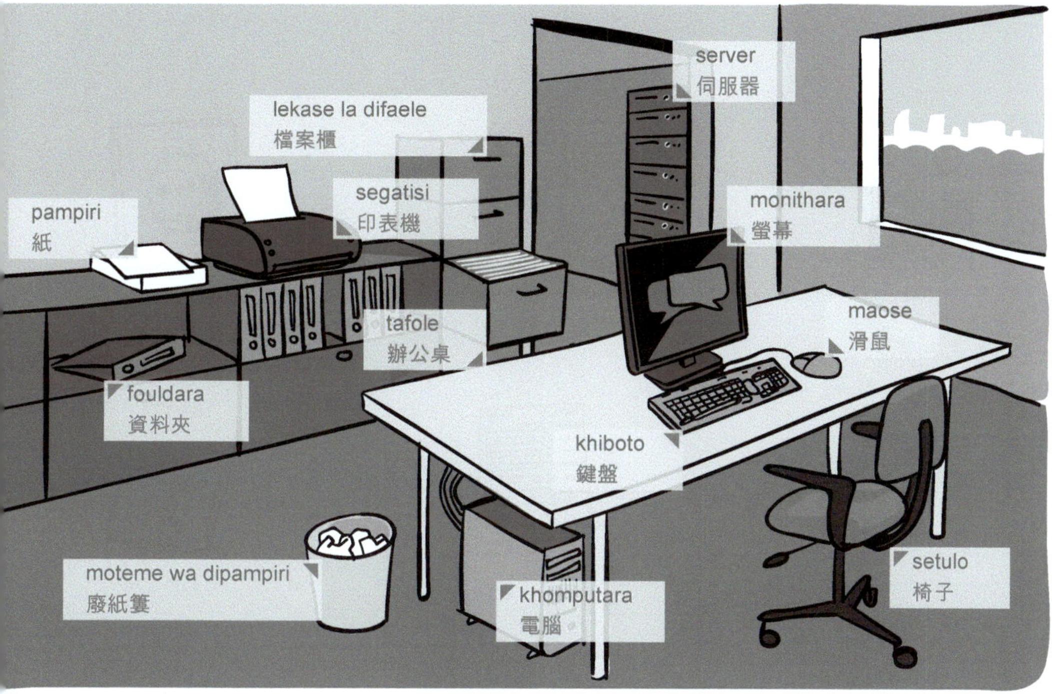

server
伺服器

lekase la difaele
檔案櫃

segatisi
印表機

monithara
螢幕

pampiri
紙

tafole
辦公桌

maose
滑鼠

fouldara
資料夾

khiboto
鍵盤

moteme wa dipampiri
廢紙簍

khomputara
電腦

setulo
椅子

kopi

咖啡杯

khalkhuleitara

計算機

inthanete

網際網路

lapothopo

筆記型電腦

lekwalo

信件

molaetsa

簡訊

mogala wa letheka

行動電話

kgolagano ya megala

網路

segatisa dipampiri

影印機

software

軟體

mogala

電話

sokete ya polaka

插座

motšhini wa fekese

傳真機

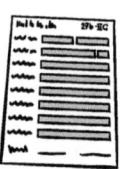

foromo

表格

setlankana

檔案

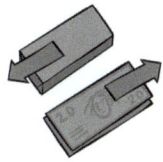

reka

買

patela

付錢

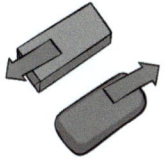

rekisa

交易

madi / tšhelete

現金

dolara

美元

euro

歐元

yen

日元

roubele

盧布

swiss franc

瑞士法郎

renminbi yuan

人民幣

rupee

盧比

lefelo la madi

提款處

kantoro ya go fetola madi

外幣兌換處

gauta

金

selefera

銀

oli

石油

maatla

能源

tlhwatlhwa

價格

konteraka

合約

lekgetho

稅金

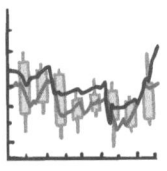

setoko

股票

dira

工作

mothapiwa

職員

mothapi

老闆

bodirelo

工廠

lebenkele

商店

maemo
職業

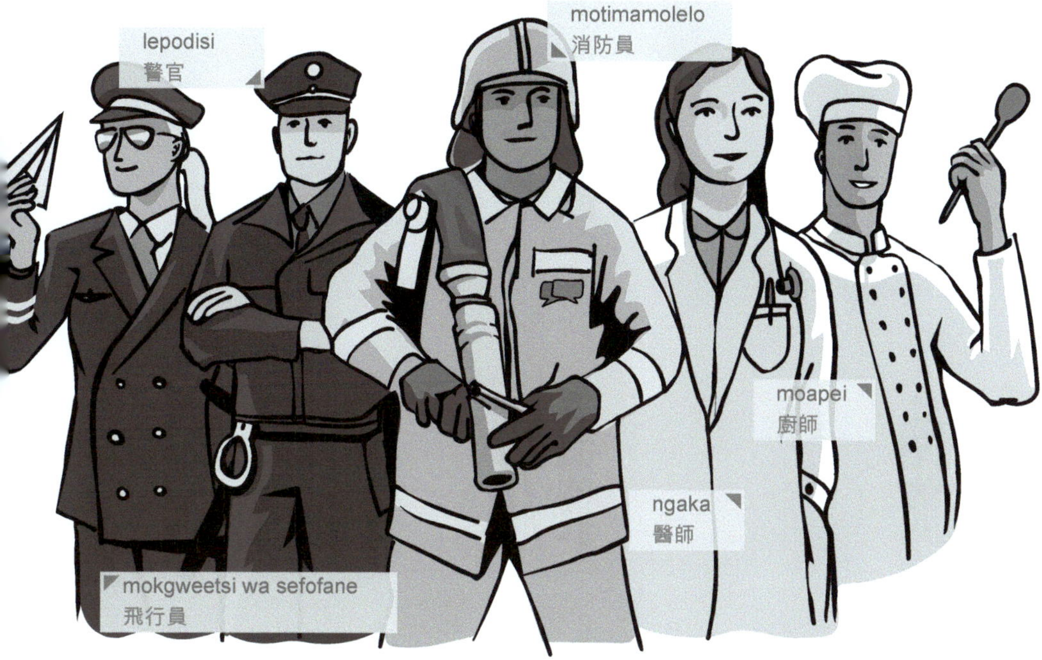
lepodisi
警官
motimamolelo
消防員
moapei
廚師
ngaka
醫師
mokgweetsi wa sefofane
飛行員

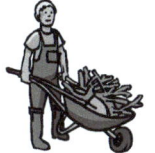

ratshingwana

園丁

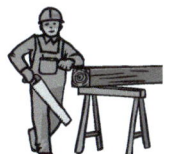

mmetli wa dikgong

木匠

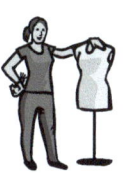

moroki

裁縫

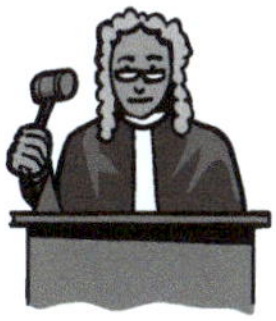

moatlhodi

法官

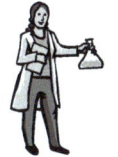

moitse wa melemo

化學家

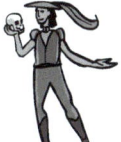

modiragatsi

演員

mokgweetsi wa bese

公車司機

mokgweetsi wa tekisi

計程車司機

motshwari wa ditlhapi

漁夫

Mme yo o phepafatsang

清洗女工

moruledi

屋頂工

weitara

服務生

motsumi

獵人

motaki

畫家

mmesi wa senkgwe

麵包師

ramotlakase

電工

moagi

建築工人

moenjenere

工程師

mosegi wa nama

屠夫

motsenyi wa diphaepe tsa metsi

水管工

motsamaisa poso

郵差

leshole

士兵

modiri wa dipolane

建築師

morekisi

收銀員

morekisi wa malomo

花農

mokgabisamoriri

理髮師

kondactara

售票員

mokheneke

機械技師

mokapeteine

船長

ngaka ya meno

牙醫

Rasaense

科學家

moruti

拉比

imam

伊瑪目

moitlami

和尚

moruti

牧師

didiriswa

工具

hamore
鐵錘
tang
鉗子
sekurufu deraevara
螺絲起子
sepanere
扳手
lobone
手電筒

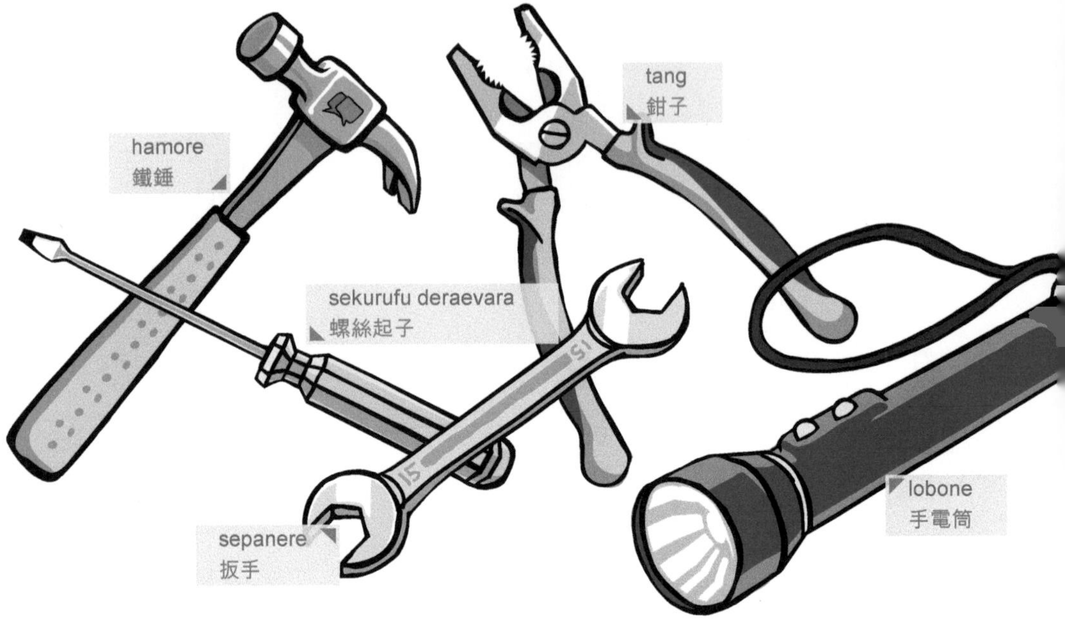

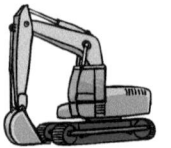

moepi

挖掘機

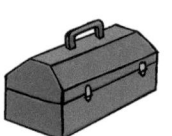

bokoso ya didirisiwa

工具箱

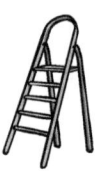

lere

梯子

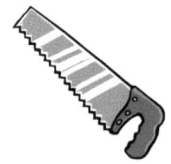

saga

鋸子

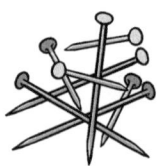

dipekere

釘子

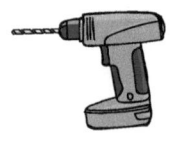

sebori

鑽機

baakanya

修

garawe

鏟子

ijaa!

糟糕！

seolela matlakala

畚箕

pitsa ya pente

油漆桶

sekurufu

螺絲

didirisiwa tsa mmino
樂器

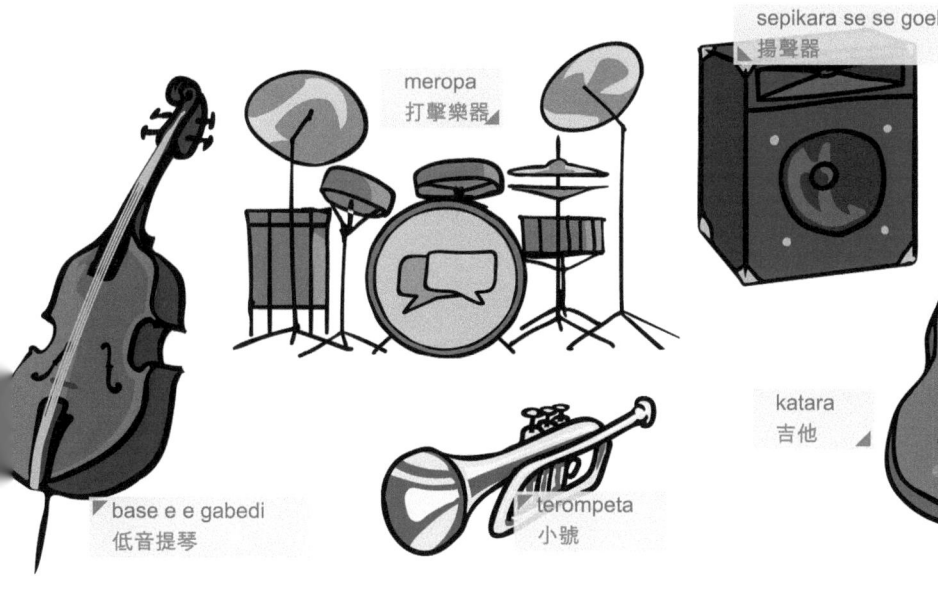

meropa
打擊樂器

sepikara se se goelang ko godimo
揚聲器

katara
吉他

▼ base e e gabedi
低音提琴

terompeta
小號

piano

鋼琴

bayolini

小提琴

base

貝斯

timpane

定音鼓

meropa

鼓

khiboto

電子琴

sekesofone

薩克斯風

phala

長笛

sebuela godimo

麥克風

lefelo la go bonela diphologolo

動物園

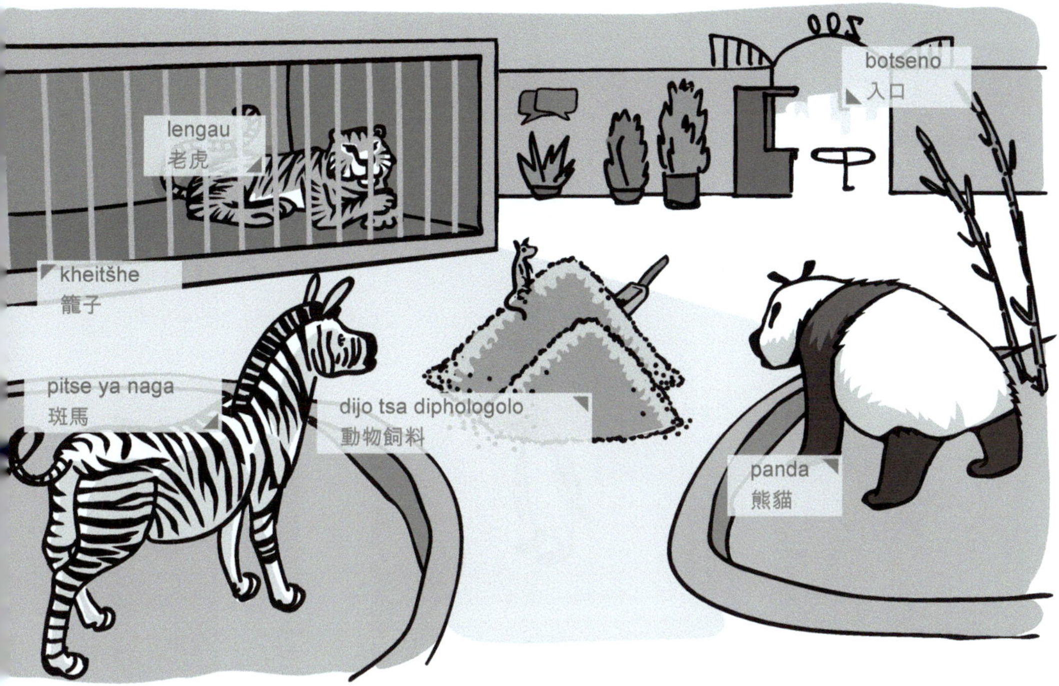

botseno
入口
lengau
老虎
kheitšhe
籠子
pitse ya naga
斑馬
dijo tsa diphologolo
動物飼料
panda
熊貓

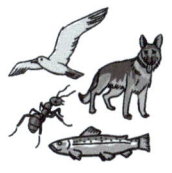

diphologolo
動物

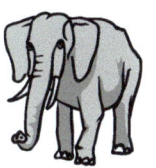

tlou
大象

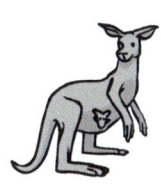

dikhankaruu
袋鼠

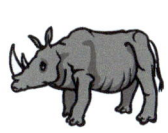

tshukudu
犀牛

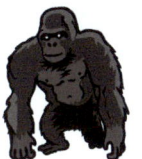

tshweni
大猩猩

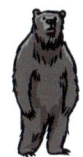

bera
熊

kamela

駱駝

kalakune

鴕鳥

tau

獅子

tshwene

猴子

flamingo

紅鶴

papalagae

鸚鵡

bera e e dulang ko lefelong
le le tsididi thata

北極熊

nonyane tsa lewatle

企鵝

leruarua

鯊魚

phikoko

孔雀

noga

蛇

kwena

鱷魚

motlhokomedi wa
diphologolo

動物園管理員

sili

海豹

katse

美洲豹

petsana

矮種馬

lengau

豹

tshukudu

河馬

thutlwa

長頸鹿

ntsu

老鷹

dikolobe tsa naga

野豬

tlhapi

魚

khudu

龜

walrus

海象

ntja ya naga

狐狸

tshephe

羚羊

kgwele ya dinao ya Amerika
橄欖球

motshameko wa baesekele
騎腳踏車

tenese
網球

baseketebolo
籃球

thuma
游泳

motshameko wa go lwa ka diatla
拳擊

hockey ya mo aeseng
冰球

kgwele ya dinao
美式足球

badminthone
羽毛球

atletiki
田徑

kgwele ya diatla
手球

skiing
滑雪

polo
馬球

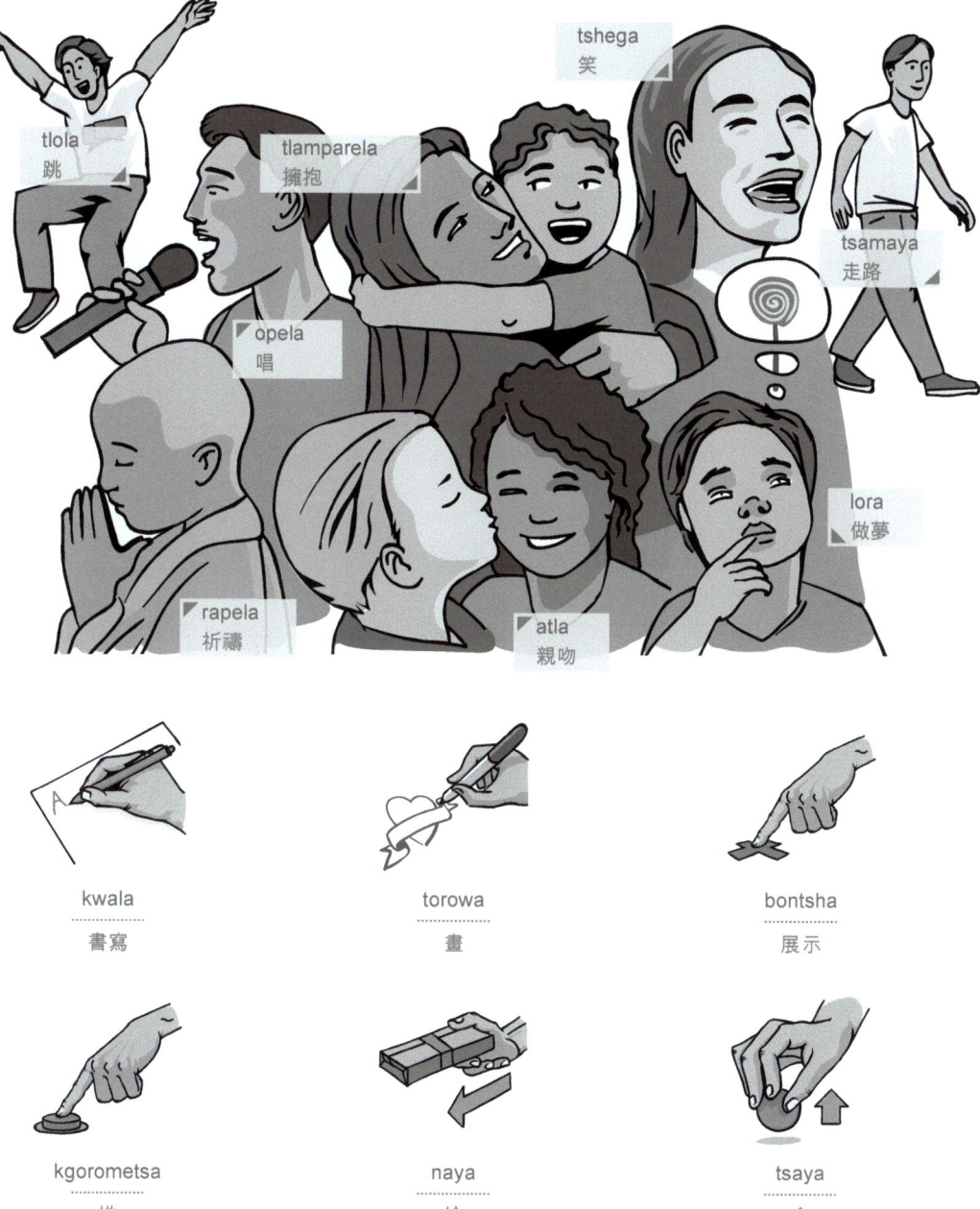

tshega
笑

tlola
跳

tlamparela
擁抱

tsamaya
走路

opela
唱

lora
做夢

rapela
祈禱

atla
親吻

kwala

書寫

torowa

畫

bontsha

展示

kgorometsa

推

naya

給

tsaya

拿

go nna

有

dira

做

nna

當

ema

站

taboga

跑

goga

拉

latlha

丟

wa

摔倒

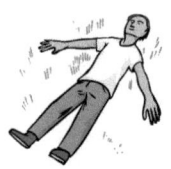

maaka

躺

ema

等待

tsholetsa

攜帶

dula

坐

apara

穿衣

robala

睡覺

tsoga

醒來

leba

看

lela

哭

thuma ka lemorago

擊

kama

梳頭

bua

交談

tlhaloganya

明白

botsa

問

reetsa

聽

nwa

喝

ja

吃

phepafatsa

清理

lorato

愛

apaya

做飯

kgweetsa

開車

fofa

飛

seila

航行

khalkhuleitara

計算

bala

讀

ithute

學習

dira

工作

nyala

結婚

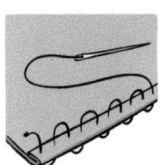

roka

縫

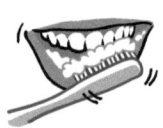

tlhapa meno

刷牙

bolaya

殺

tsuba

抽菸

romela

寄

lelapa

家

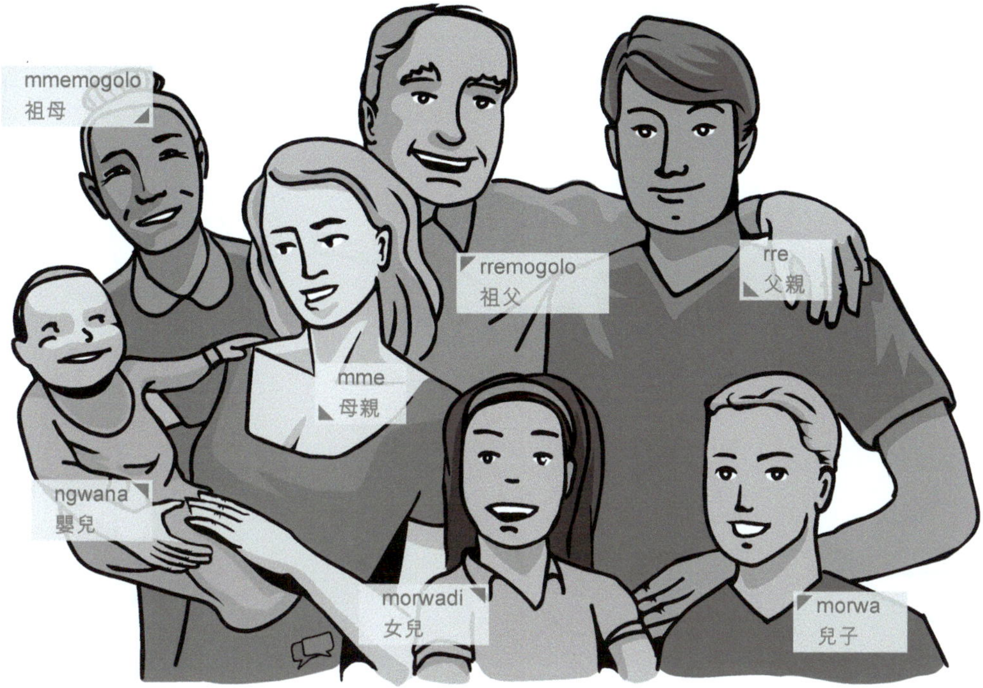

mmemogolo
祖母
rremogolo
祖父
rre
父親
mme
母親
ngwana
嬰兒
morwadi
女兒
morwa
兒子

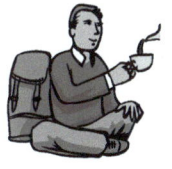

moeng
客人

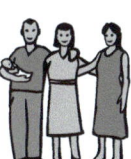

mmangwane
阿姨

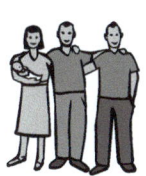

malome
叔叔

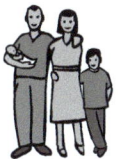

abuti
兄弟

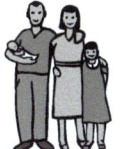

ausi
姐妹

mmele

身體

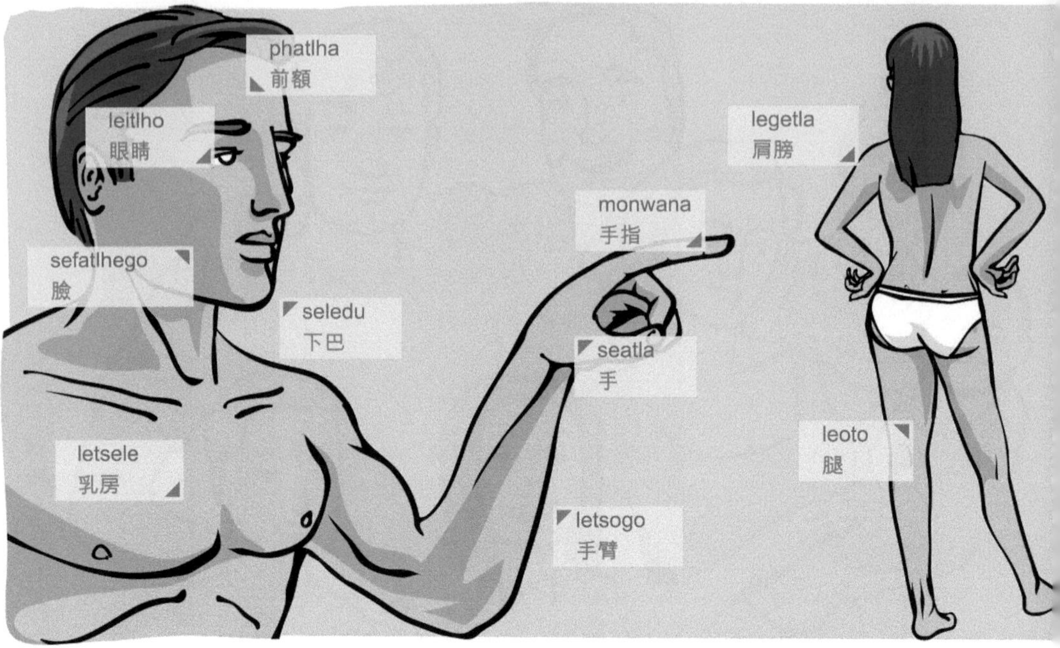

phatlha
前額
leitlho
眼睛
legetla
肩膀
monwana
手指
sefatlhego
臉
seledu
下巴
seatla
手
leoto
腿
letsele
乳房
letsogo
手臂

ngwana
婴兒

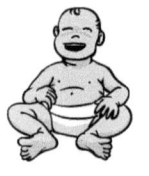

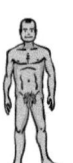

monna
男人

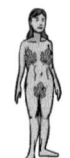

mosadi
女人

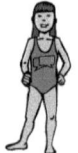

mosetsana
女孩

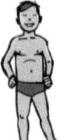

mosimane
男孩

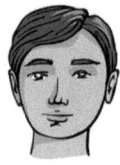

tlhogo
頭

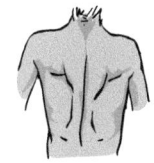

mokwatla

背部

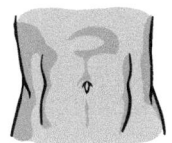

mpa

肚子

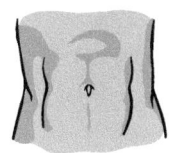

khubu

肚臍

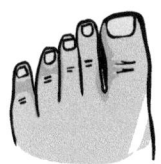

monwana

腳趾

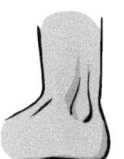

serethe

腳後跟

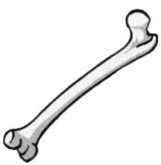

lerapo

骨頭

letheka

臀部

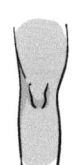

lengole

膝蓋

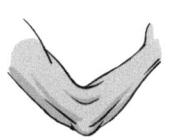

sekgono

手肘

nko

鼻子

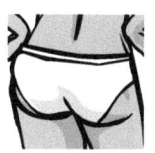

ko tlase

屁股

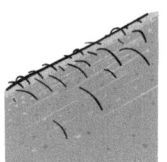

letlalo

皮膚

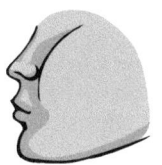

lerama

臉頰

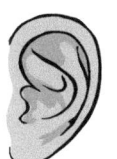

tsebe

耳朵

pounama

嘴唇

molomo

嘴

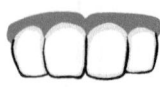

leino

牙齒

loleme

舌頭

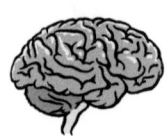

boboko

腦

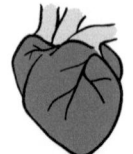

pelo

心臟

maatla

肌肉

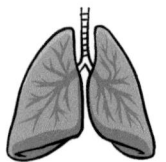

lekgwafo

肺

sebete

肝臟

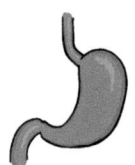

mala

胃

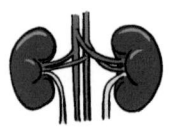

diphio

腎臟

bong

性交

mosomelwana

保險套

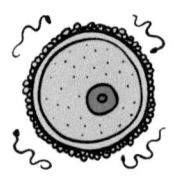

sebelegi sa ngwana

卵子

semen

精子

moimana

懷孕

mmele - 身體

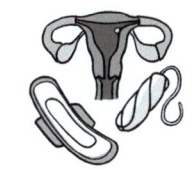

dinako tsa go tla ka kgwedi
tsa basadi

月事

serwe sa mosadi

陰道

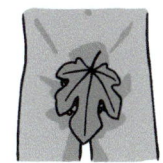

serwe sa monna

陰莖

dintshi

眉毛

moriri

頭髮

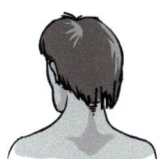

thamo

脖子

sepetlele

醫院

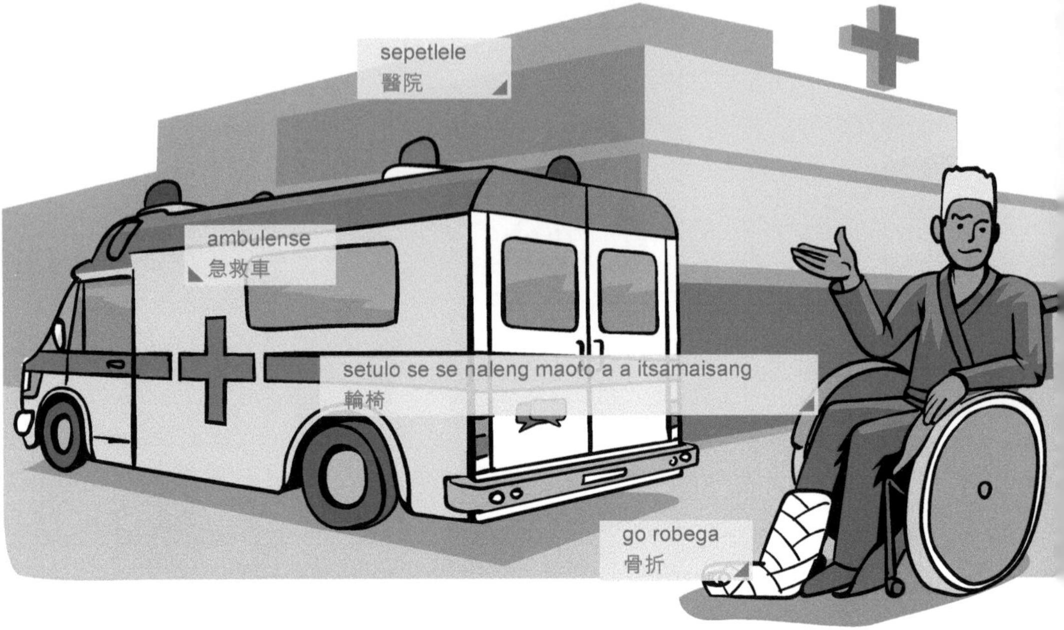

sepetlele
醫院
ambulense
急救車
setulo se se naleng maoto a a itsamaisang
輪椅
go robega
骨折

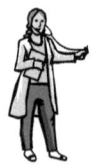

ngaka

醫師

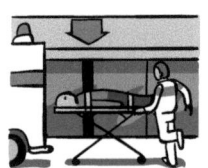

phaphosi ya tshoganyetso

急診室

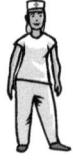

mooki

護理師

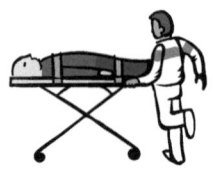

tshoganyetso

緊急情形

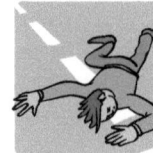

idibala

昏迷

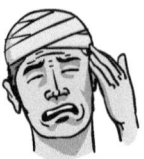

setlhabi

痛

kgobalo

受傷

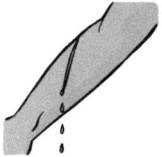

go dutla madi

出血

tlhaselo ya pelo

心臟病發作

setorouko

中風

bolwetsi

過敏

go gotlhola

咳嗽

fulu

發燒

fulu

流感

letshololo

腹瀉

opiwa ke tlhogo

頭痛

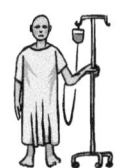

kankere

癌症

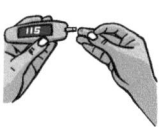

sukiri ya mmele

糖尿病

moari

外科醫師

sekalepele

手術刀

karo

手術

CT

電腦斷層掃描

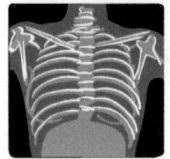

x-ray

X光

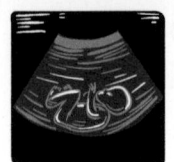

motšhini wa go leba mo mpeng

超音波

sesira sefatlhego

口罩

twatsi

疾病

phaposi boletelo

候診室

dithobane

拐杖

polasetara

石膏

sefapho

繃帶

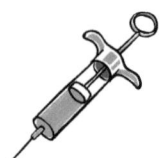

lemao

注射

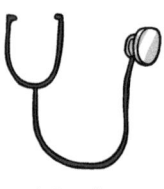

setetosekoupu

聽診器

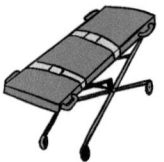

seteretšhara

擔架

themometara ya bongaka

體溫計

pelegi

出生

bokima jwa mmele

超重

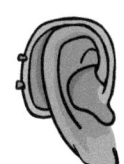

sedirisiwa sa go thusa go utlwa

助聽器

sesireletsa dintho

消毒液

tshwaetso

感染

mogare

病毒

HIV / AIDS

愛滋病

melemo

藥物

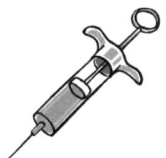

mokento

接種疫苗

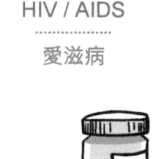

thabolete

藥片

pilisi

藥丸

mogala wa tshoganyetso

急救電話

motšhini wa go ela tlhoko kgatelelo ya madi

血壓計

lwala / itekanetse

生病/健康

Thusa!

救命！

alamo

警報

tshotlako

突擊

tlhasela

攻擊

kotsi

危險

kgoro ya tshoganyetso

緊急出口

Molelo!

失火了！

setima moleleo

滅火器

kotsi

意外

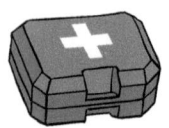

khiti ya go thusa ka dikgobalo

急救箱

SOS

呼救訊號

lepodisi

員警

Yuropa

歐洲

Bokone jwa Amerika

北美洲

Borwa jwa Amerika

南美洲

Aforika

非洲

Asia

亞洲

Australia

澳洲

Atlantic

大西洋

Pacific

太平洋

Lewatle la India

印度洋

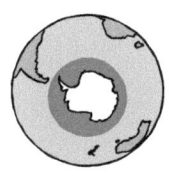

Lewatle la Antarctic

南冰洋

Lewatle la Arctic

北冰洋

Bokone

北極

Borwa

南極

Antartica

南極洲

Lefatshe

地球

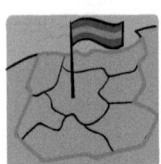

lefatshe

陸地

lewatle

海

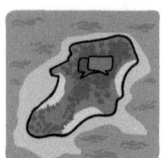

losi lwa lewatle

島

lotso

國家

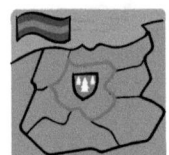

boemo

州

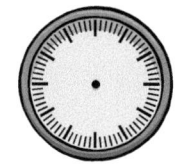

lentle la tshupanako

錶盤

letsogo la ura

時針

letsogo la metsotso

分針

letsogo la metsotswana

秒針

ke nako mang?

現在幾點？

letsatsi

天

nako

時間

go ne jaanong

現在

tshupanako ya dijithale

電子錶

metsotso

分

ura

時

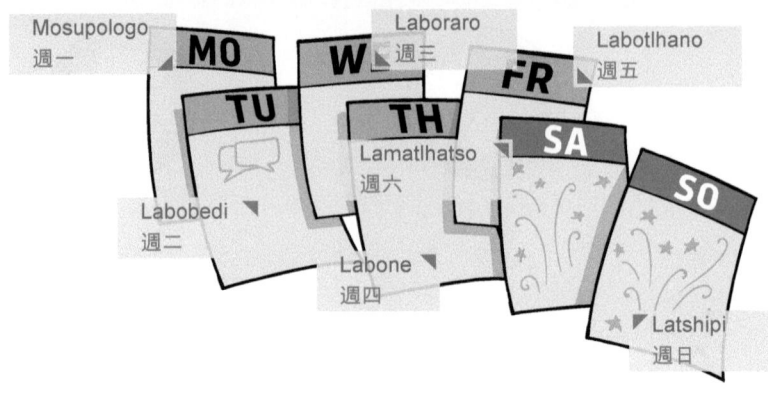

Mosupologo
週一

Laboraro
週三

Labotlhano
週五

Labobedi
週二

Lamatlhatso
週六

Labone
週四

Latshipi
週日

maabane

昨天

gompieno

今天

kamoso

明天

moso

早晨

thapama

中午

maitseboa

晚上

malatsi a tiro

工作日

mafelo a beke

週末

ngwaga
年

pula
雨
motshe wa badimo
彩虹
letlhwa
雪
phefo
風
dikgakologo
春
letlhafula
秋
selemo
夏
mariga
冬

4.APRIL 11°
5.APRIL 4°
6.APRIL 13°
7.APRIL 8°
8.APRIL 10°

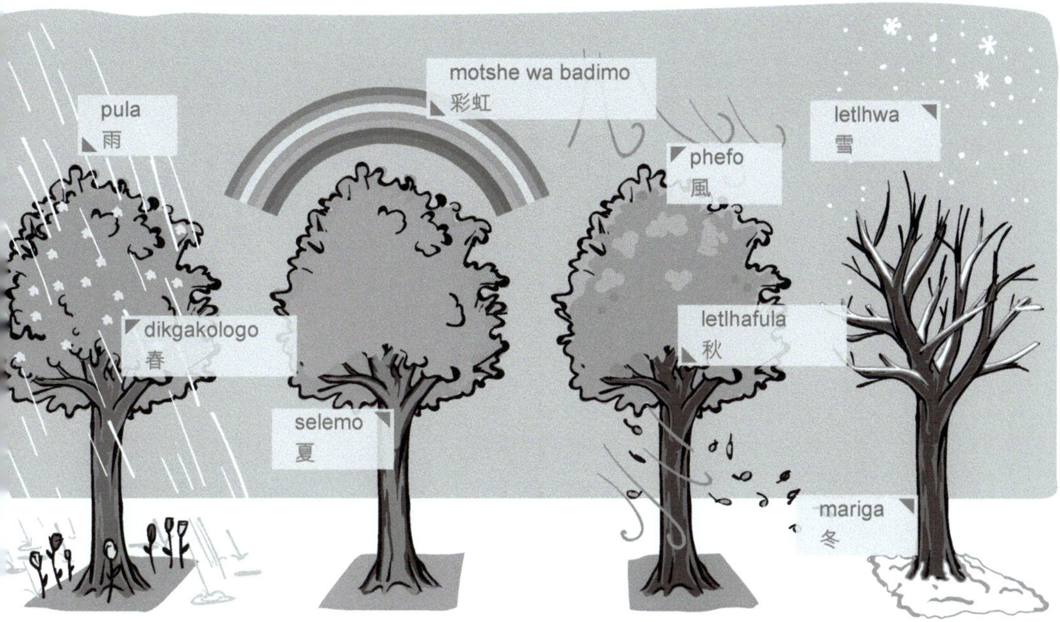

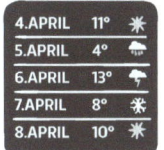

botsogo jwa loapi

天氣預告

F C
120 40
90 30
60 20
30 10
0 0
-30 -10
-20

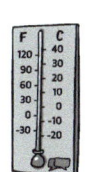

themomithara

溫度計

letsatsi

陽光

leru

雲

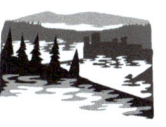

mouwane

霧

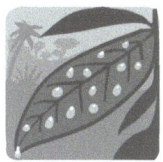

humidity

潮濕

legadima

閃電

modumo wa maru

打雷

matsubutsubu

風暴

sefako

冰雹

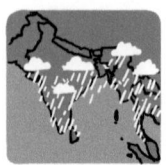

monsoon

季風

morwalela

洪水

aese

冰

Ferikgong

一月

Tlhakole

二月

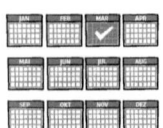

Mopitlwe

三月

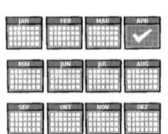

Moranang

四月

Motsheganong

五月

Seetebosigo

六月

Phukwi

七月

Phatwe

八月

ngwaga - 年

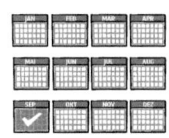

Lwetse

九月

Diphalane

十月

Ngwanaatsele

十一月

Sedimonthole

十二月

dipopego

形狀

kgolokwe

圓形

khutlonne

正方形

khutlonnetsepa

長方形

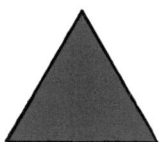

khutlotharo

三角形

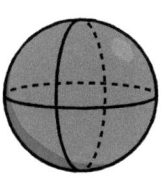

khutlo

球體

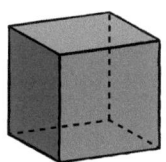

khiubu

立方體

tshweu

白

serolwana

黄

mmala wa namune

橙

pinki

粉

khibidu

紅

bohibidu jo bo mokgona

紫

pududu

藍

tala

緑

tshetlha

棕

tshetlha

灰

ntsho

黒

go le gontsi / go nnye

很多/少許

go kwata / go ritibala

生氣/平靜

montle / maswe

美/醜

tshimologo / bofelo

首/尾

tonna / nnyane

大/小

lesedi / lefifi

明/暗

abuti / ausi

兄弟/姐妹

phepa / leswe

乾淨/骯髒

feletse / go sa felela

完整/缺失

motshegare / bosigo

白天/晚上

o sule / o a tshela

死/生

bophara / tshesane

寬/窄

ya jega / ga e jege

可食用/非食用

bosula / molemo

邪惡/善良

go itumela thata / go se itumele

興奮/無聊

nonne / tshesane

胖/瘦

ntlha / bofelo

第一/最後

tsala / sera

朋友/敵人

tletse / lolea

滿/空

thata / bonolo

硬/軟

bokete / motlhofo

重/輕

tlala / lenyora

餓/渴

lwala / itekanetse

生病/健康

dumelesega / dumeletswe

非法/合法

botlhale / sematla

聰明/愚笨

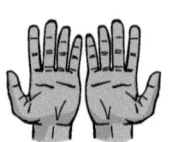

molema / moja

左/右

gaufi / kgakala

近/遠

sesha / ya kgale

新/舊

sepe / sengwe

沒有/有些

mogolo / mosha

老/幼

tsenya / tima

開/關

bula / tswetswe

打開/闔上

tidimalo / modumo

安靜/吵鬧

khumo / lehuma

富/窮

siame / phoso

對/錯

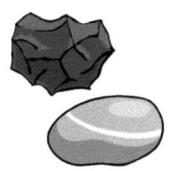

ditlhotlhori / borethe

粗糙/光滑

hutsafetse / itumetse

傷心/高興

khutshwane / telele

短/長

bonya / bonako

慢/快

metsi / omile

濕/乾

mololo / tsididi

溫暖/涼爽

ntwa / kagiso

戰爭/和平

0

lefela

零

1

nngwe

一

2

pedi

二

3

tharo

三

4

nne

四

5

tlhano

五

6

thataro

六

7

supa

七

8

robedi

八

9

robonngwe

九

10

lesome

十

11

some nngwe

十一

12
some pedi

十二

13
some tharo

十三

14
some nne

十四

15
some tlhano

十五

16
some thataro

十六

17
some supa

十七

18
some robedi

十八

19
some robonngwe

十九

20
masomamabedi

二十

100
lekgolo

百

1.000
sekete

千

1.000.000
milione

百萬

Sejatlhapi

英語

Sejatlhapi sa Amerika

美式英語

se-China

普通話

se-Hindi

印地語

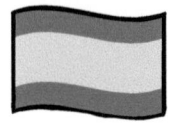

se-Spanish

西班牙語

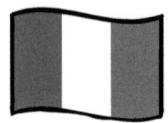

se-For a

法語

se-Araba

阿拉伯語

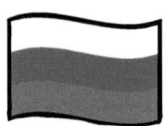

se-Russia

俄語

se-Potokisi

葡萄牙語

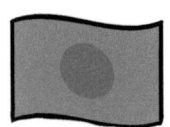

se-Bengali

孟加拉語

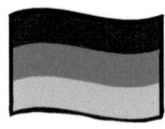

se-Jeremane

德語

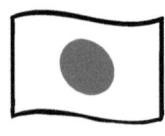

se-Japane

日語

Nna

我

wena

你

ene / ene / sone

他/她/它

re

我們

wena

你們

bone

他們

mang?

誰？

eng?

什麼？

jang?

如何？

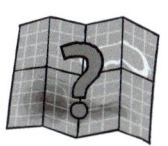

kae?

何處？

leng?

何時？

leina

名字

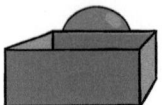

mo morago

後面

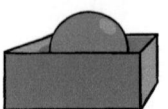

mo

裡面

fa pele ga

前面

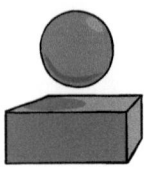

godimo

上方

mo

上面

fa tlase

下麵

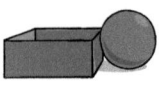

mo thoko

旁邊

magareng

中間

lefelo

地點